THIS PLANNER BELONGS TO

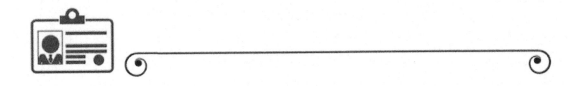

MONTHLY CLEANING CHECKLIST ▶▶▶ ▼▼▼

SUNDAY	MONDAY	TUESDAY	WEDNESDAY	THURSDAY	FRIDAY	SATURDAY
○ Make Beds ○ Dishes ○ Kitchen Counters ○ 1 Load of Laundry ○ VacuumKitchen ○ Pick up	**Clean Bathrooms** **Windows** ○ Make Beds ○ Dishes ○ Kitchen Counters ○ 1 Load of Laundry ○ Vacuum Kitchen ○ Pick up	**Dust Furniture** **Vacuum Couch** **Wipe Baseboards** ○ Make Beds ○ Dishes ○ Kitchen Counters ○ 1 Load of Laundry ○ Vacuum Kitchen ○ Pick up	○ **Change Sheets** ○ **Wipe Appliances** ○ Make Beds ○ Dishes ○ Kitchen Counters ○ 1 Load of Laundry ○ Vacuum Kitchen ○ Pick up	○ **Clean Bathrooms** ○ **Wipe Cabinets** ○ Make Beds ○ Dishes ○ Kitchen Counters ○ 1 Load of Laundry ○ Vacuum Kitchen ○ Pick up	○ **Organize Office** ○ Make Beds ○ Dishes ○ Kitchen Counters ○ 1 Load of Laundry ○ Vacuum Kitchen ○ Pick Up	**Vacuum** **Mop** Make Beds Dishes Kitchen Counters 1 Load of Laundry Vacuum Kitchen Pick up
○ Make Beds ○ Dishes ○ Kitchen Counters ○ 1 Load of Laundry ○ Vacuum Kitchen ○ Pick up	**Clean Bathrooms** **Windows** ○ Make Beds ○ Dishes ○ Kitchen Counters ○ 1 Load of Laundry ○ Vacuum Kitchen ○ Pick up	**Dust Furniture** **Vacuum Couch** ○ Make Beds ○ Dishes ○ Kitchen Counters ○ 1 Load of Laundry ○ Vacuum Kitchen ○ Pick up	○ **Change Sheets** ○ **Wipe Appliances** ○ **Clean Out Fridge** ○ Make Beds ○ Dishes ○ Kitchen Counters ○ 1 Load of Laundry ○ Vacuum Kitchen ○ Pick up	○ **Clean Bathrooms** ○ **Wipe Cabinets** ○ Make Beds ○ Dishes ○ Kitchen Counters ○ 1 Load of Laundry ○ Vacuum Kitchen ○ Pick up	○ **Organize Office** ○ Make Beds ○ Dishes ○ Kitchen Counters ○ 1 Load of Laundry ○ Vacuum Kitchen ○ Pick Up	**Vacuum** **Mop** Make Beds Dishes Kitchen Counters 1 Load of Laundry Vacuum Kitchen Pick up
○ Make Beds ○ Dishes ○ Kitchen Counters ○ 1 Load of Laundry ○ Vacuum Kitchen ○ Pick up	**Clean Bathrooms** **Windows** ○ Make Beds ○ Dishes ○ Kitchen Counters ○ 1 Load of Laundry ○ Vacuum Kitchen ○ Pick up	**Dust Furniture** **Vacuum Couch** ○ Make Beds ○ Dishes ○ Kitchen Counters ○ 1 Load of Laundry ○ Vacuum Kitchen ○ Pick up	○ **Change Sheets** ○ **Wipe Appliances** ○ Make Beds ○ Dishes ○ Kitchen Counters ○ 1 Load of Laundry ○ Vacuum Kitchen ○ Pick up	○ **Clean Bathrooms** ○ **Wipe Cabinets** ○ Make Beds ○ Dishes ○ Kitchen Counters ○ 1 Load of Laundry ○ Vacuum Kitchen ○ Pick up	○ **Organize Office** ○ **Dust Ceiling Fans** ○ Make Beds ○ Dishes ○ Kitchen Counters ○ 1 Load of Laundry ○ Vacuum Kitchen ○ Pick Up	**Vacuum** **Mop** Make Beds Dishes Kitchen Counters 1 Load of Laundry Vacuum Kitchen Pick up
○ Make Beds ○ Dishes ○ Kitchen Counters ○ 1 Load of Laundry ○ Vacuum Kitchen ○ Pick up	**Clean Bathrooms** **Windows** ○ Make Beds ○ Dishes ○ Kitchen Counters ○ 1 Load of Laundry ○ Vacuum Kitchen ○ Pick up	**Dust Furniture** **Vacuum Couch** ○ Make Beds ○ Dishes ○ Kitchen Counters ○ 1 Load of Laundry ○ Vacuum Kitchen ○ Pick up	○ **Change Sheets** ○ **Wipe Appliances** ○ Make Beds ○ Dishes ○ Kitchen Counters ○ 1 Load of Laundry ○ Vacuum Kitchen ○ Pick up	○ **Clean Bathrooms** ○ **Wipe Cabinets** ○ Make Beds ○ Dishes ○ Kitchen Counters ○ 1 Load of Laundry ○ Vacuum Kitchen ○ Pick up	○ **Organize Office** ○ Make Beds ○ Dishes ○ Kitchen Counters ○ 1 Load of Laundry ○ Vacuum Kitchen ○ Pick Up	**Vacuum** **Mop** Make Beds Dishes Kitchen Counters 1 Load of Laundry Vacuum Kitchen Pick up
○ Make Beds ○ Dishes ○ Kitchen Counters ○ 1 Load of Laundry ○ Vacuum Kitchen ○ Pick up	**Clean Bathrooms** **Windows** ○ Make Beds ○ Dishes ○ Kitchen Counters ○ 1 Load of Laundry ○ Vacuum Kitchen ○ Pick up	**Dust Furniture** **Vacuum Couch** ○ Make Beds ○ Dishes ○ Kitchen Counters ○ 1 Load of Laundry ○ Vacuum Kitchen ○ Pick up	○ **Change Sheets** ○ **Wipe Appliances** ○ Make Beds ○ Dishes ○ Kitchen Counters ○ 1 Load of Laundry ○ Vacuum Kitchen ○ Pick up	○ **Clean Bathrooms** ○ **Wipe Cabinets** ○ **Clean Oven** ○ Make Beds ○ Dishes ○ Kitchen Counters ○ 1 Load of Laundry ○ Vacuum Kitchen ○ Pick up	○ **Organize Office** ○ Make Beds ○ Dishes ○ Kitchen Counters ○ 1 Load of Laundry ○ Vacuum Kitchen ○ Pick Up	**Vacuum Carpet** **Mop** Make Beds Dishes Kitchen Counters 1 Load of Laundry Vacuum Kitchen Pick up

WEEKLY CLEANING CHECKLIST

COMPLETE TASKS DAILY

- [ ] Make Beds
- [ ] Do Dishes
- [ ] _____
- [ ] Kitchen Counters
- [ ] 1 Load of Laundry
- [ ] _____
- [ ] Vacuum Kitchen
- [ ] Pick up
- [ ] _____

MONDAY

- [ ] Clean Bathrooms
- [ ] Clean Windows
- [ ] _____
- [ ] _____

THURSDAY

- [ ] Clean Bathrooms
- [ ] Wipe Down Cabinets
- [ ] _____
- [ ] _____

TUESDAY

- [ ] Dust Furniture
- [ ] Vacuum Couch
- [ ] _____
- [ ] _____

FRIDAY

- [ ] Organize Office
- [ ] Vacuum Tile
- [ ] _____
- [ ] _____

WEDNESDAY

- [ ] Change Sheets
- [ ] Wipe Appliances
- [ ] _____
- [ ] _____

SAT/SUN

- [ ] Vacuum Carpet
- [ ] Mop
- [ ] _____
- [ ] _____

COMPLETE TASKS MONTHLY

- [ ] Wipe Baseboards
- [ ] Clean out Fridge
- [ ] _____
- [ ] Dust Ceiling Fans
- [ ] Clean Oven
- [ ] _____
- [ ] _____
- [ ] _____
- [ ] _____

MONTHLY CLEANING CHECKLIST

SUNDAY	MONDAY	TUESDAY	WEDNESDAY	THURSDAY	FRIDAY	SATURDAY

NOTES

WEEKLY CLEANING CHECKLIST

COMPLETE TASKS DAILY

- [ ] _____
- [ ] _____
- [ ] _____

- [ ] _____
- [ ] _____
- [ ] _____

- [ ] _____
- [ ] _____
- [ ] _____

MONDAY

- [ ] _____
- [ ] _____
- [ ] _____
- [ ] _____

THURSDAY

- [ ] _____
- [ ] _____
- [ ] _____
- [ ] _____

TUESDAY

- [ ] _____
- [ ] _____
- [ ] _____
- [ ] _____

FRIDAY

- [ ] _____
- [ ] _____
- [ ] _____
- [ ] _____

WEDNESDAY

- [ ] _____
- [ ] _____
- [ ] _____
- [ ] _____

SAT/SUN

- [ ] _____
- [ ] _____
- [ ] _____
- [ ] _____

COMPLETE TASKS MONTHLY

- [ ] _____
- [ ] _____
- [ ] _____

- [ ] _____
- [ ] _____
- [ ] _____

- [ ] _____
- [ ] _____
- [ ] _____

NOTES

WEEKLY CLEANING CHECKLIST

COMPLETE TASKS DAILY

- ☐ _____
- ☐ _____
- ☐ _____

- ☐ _____
- ☐ _____
- ☐ _____

- ☐ _____
- ☐ _____
- ☐ _____

MONDAY

- ☐ _____
- ☐ _____
- ☐ _____
- ☐ _____

THURSDAY

- ☐ _____
- ☐ _____
- ☐ _____
- ☐ _____

TUESDAY

- ☐ _____
- ☐ _____
- ☐ _____
- ☐ _____

FRIDAY

- ☐ _____
- ☐ _____
- ☐ _____
- ☐ _____

WEDNESDAY

- ☐ _____
- ☐ _____
- ☐ _____
- ☐ _____

SAT/SUN

- ☐ _____
- ☐ _____
- ☐ _____
- ☐ _____

COMPLETE TASKS MONTHLY

- ☐ _____
- ☐ _____
- ☐ _____

- ☐ _____
- ☐ _____
- ☐ _____

- ☐ _____
- ☐ _____
- ☐ _____

NOTES

WEEKLY CLEANING CHECKLIST

COMPLETE TASKS DAILY

- ☐ _____
- ☐ _____
- ☐ _____

- ☐ _____
- ☐ _____
- ☐ _____

- ☐ _____
- ☐ _____
- ☐ _____

MONDAY

- ☐ _____
- ☐ _____
- ☐ _____
- ☐ _____

THURSDAY

- ☐ _____
- ☐ _____
- ☐ _____
- ☐ _____

TUESDAY

- ☐ _____
- ☐ _____
- ☐ _____
- ☐ _____

FRIDAY

- ☐ _____
- ☐ _____
- ☐ _____
- ☐ _____

WEDNESDAY

- ☐ _____
- ☐ _____
- ☐ _____
- ☐ _____

SAT/SUN

- ☐ _____
- ☐ _____
- ☐ _____
- ☐ _____

COMPLETE TASKS MONTHLY

- ☐ _____
- ☐ _____
- ☐ _____

- ☐ _____
- ☐ _____
- ☐ _____

- ☐ _____
- ☐ _____
- ☐ _____

NOTES

WEEKLY CLEANING CHECKLIST

COMPLETE TASKS DAILY

- [ ] _____
- [ ] _____
- [ ] _____
- [ ] _____
- [ ] _____
- [ ] _____
- [ ] _____
- [ ] _____
- [ ] _____

MONDAY

- [ ] _____
- [ ] _____
- [ ] _____
- [ ] _____

THURSDAY

- [ ] _____
- [ ] _____
- [ ] _____
- [ ] _____

TUESDAY

- [ ] _____
- [ ] _____
- [ ] _____
- [ ] _____

FRIDAY

- [ ] _____
- [ ] _____
- [ ] _____
- [ ] _____

WEDNESDAY

- [ ] _____
- [ ] _____
- [ ] _____
- [ ] _____

SAT/SUN

- [ ] _____
- [ ] _____
- [ ] _____
- [ ] _____

COMPLETE TASKS MONTHLY

- [ ] _____
- [ ] _____
- [ ] _____
- [ ] _____
- [ ] _____
- [ ] _____
- [ ] _____
- [ ] _____
- [ ] _____

NOTES

WEEKLY CLEANING CHECKLIST

▶▶ COMPLETE TASKS DAILY ◀◀

☐ _____ ☐ _____ ☐ _____
☐ _____ ☐ _____ ☐ _____
☐ _____ ☐ _____ ☐ _____

▶▶ MONDAY ◀◀

☐ _____
☐ _____
☐ _____
☐ _____

▶▶ THURSDAY ◀◀

☐ _____
☐ _____
☐ _____
☐ _____

▶▶ TUESDAY ◀◀

☐ _____
☐ _____
☐ _____
☐ _____

▶▶ FRIDAY ◀◀

☐ _____
☐ _____
☐ _____
☐ _____

▶▶ WEDNESDAY ◀◀

☐ _____
☐ _____
☐ _____
☐ _____

▶▶ SAT/SUN ◀◀

☐ _____
☐ _____
☐ _____
☐ _____

▶▶ COMPLETE TASKS MONTHLY ◀◀

☐ _____ ☐ _____ ☐ _____
☐ _____ ☐ _____ ☐ _____
☐ _____ ☐ _____ ☐ _____

NOTES

MONTHLY CLEANING CHECKLIST

SUNDAY	MONDAY	WEDNESDAY	THURSDAY	FRIDAY

NOTES

WEEKLY CLEANING CHECKLIST

COMPLETE TASKS DAILY

- [ ] _____
- [ ] _____
- [ ] _____

- [ ] _____
- [ ] _____
- [ ] _____

- [ ] _____
- [ ] _____
- [ ] _____

MONDAY

- [ ] _____
- [ ] _____
- [ ] _____
- [ ] _____

THURSDAY

- [ ] _____
- [ ] _____
- [ ] _____
- [ ] _____

TUESDAY

- [ ] _____
- [ ] _____
- [ ] _____
- [ ] _____

FRIDAY

- [ ] _____
- [ ] _____
- [ ] _____
- [ ] _____

WEDNESDAY

- [ ] _____
- [ ] _____
- [ ] _____
- [ ] _____

SAT/SUN

- [ ] _____
- [ ] _____
- [ ] _____
- [ ] _____

COMPLETE TASKS MONTHLY

- [ ] _____
- [ ] _____
- [ ] _____

- [ ] _____
- [ ] _____
- [ ] _____

- [ ] _____
- [ ] _____
- [ ] _____

NOTES

WEEKLY CLEANING CHECKLIST

▶▶ COMPLETE TASKS DAILY ◀◀

- [ ] _____
- [ ] _____
- [ ] _____

- [ ] _____
- [ ] _____
- [ ] _____

- [ ] _____
- [ ] _____
- [ ] _____

▶▶ MONDAY ◀◀

- [ ] _____
- [ ] _____
- [ ] _____
- [ ] _____

▶▶ THURSDAY ◀◀

- [ ] _____
- [ ] _____
- [ ] _____
- [ ] _____

▶▶ TUESDAY ◀◀

- [ ] _____
- [ ] _____
- [ ] _____
- [ ] _____

▶▶ FRIDAY ◀◀

- [ ] _____
- [ ] _____
- [ ] _____
- [ ] _____

▶▶▶ ◀◀◀

- [ ] _____
- [ ] _____
- [ ] _____
- [ ] _____

▶▶ SAT/SUN ◀◀

- [ ] _____
- [ ] _____
- [ ] _____
- [ ] _____

▶▶ COMPLETE TASKS MONTHLY ◀◀

- [ ] _____
- [ ] _____
- [ ] _____

- [ ] _____
- [ ] _____
- [ ] _____

- [ ] _____
- [ ] _____
- [ ] _____

NOTES

WEEKLY CLEANING CHECKLIST

▶▶ COMPLETE TASKS DAILY ◀◀

- [ ] _____
- [ ] _____
- [ ] _____

- [ ] _____
- [ ] _____
- [ ] _____

- [ ] _____
- [ ] _____
- [ ] _____

▶▶ MONDAY ◀◀

- [ ] _____
- [ ] _____
- [ ] _____
- [ ] _____

▶▶ THURSDAY ◀◀

- [ ] _____
- [ ] _____
- [ ] _____
- [ ] _____

▶▶ TUESDAY ◀◀

- [ ] _____
- [ ] _____
- [ ] _____
- [ ] _____

▶▶ FRIDAY ◀◀

- [ ] _____
- [ ] _____
- [ ] _____
- [ ] _____

▶▶ WEDNESDAY ◀◀

- [ ] _____
- [ ] _____
- [ ] _____
- [ ] _____

▶▶ SAT/SUN ◀◀

- [ ] _____
- [ ] _____
- [ ] _____
- [ ] _____

▶▶ COMPLETE TASKS MONTHLY ◀◀

- [ ] _____
- [ ] _____
- [ ] _____

- [ ] _____
- [ ] _____
- [ ] _____

- [ ] _____
- [ ] _____
- [ ] _____

NOTES

WEEKLY CLEANING CHECKLIST

COMPLETE TASKS DAILY

- [ ] _____
- [ ] _____
- [ ] _____

- [ ] _____
- [ ] _____
- [ ] _____

- [ ] _____
- [ ] _____
- [ ] _____

MONDAY

- [ ] _____
- [ ] _____
- [ ] _____
- [ ] _____

THURSDAY

- [ ] _____
- [ ] _____
- [ ] _____
- [ ] _____

TUESDAY

- [ ] _____
- [ ] _____
- [ ] _____
- [ ] _____

FRIDAY

- [ ] _____
- [ ] _____
- [ ] _____
- [ ] _____

WEDNESDAY

- [ ] _____
- [ ] _____
- [ ] _____
- [ ] _____

SAT/SUN

- [ ] _____
- [ ] _____
- [ ] _____
- [ ] _____

COMPLETE TASKS MONTHLY

- [ ] _____
- [ ] _____
- [ ] _____

- [ ] _____
- [ ] _____
- [ ] _____

- [ ] _____
- [ ] _____
- [ ] _____

NOTES

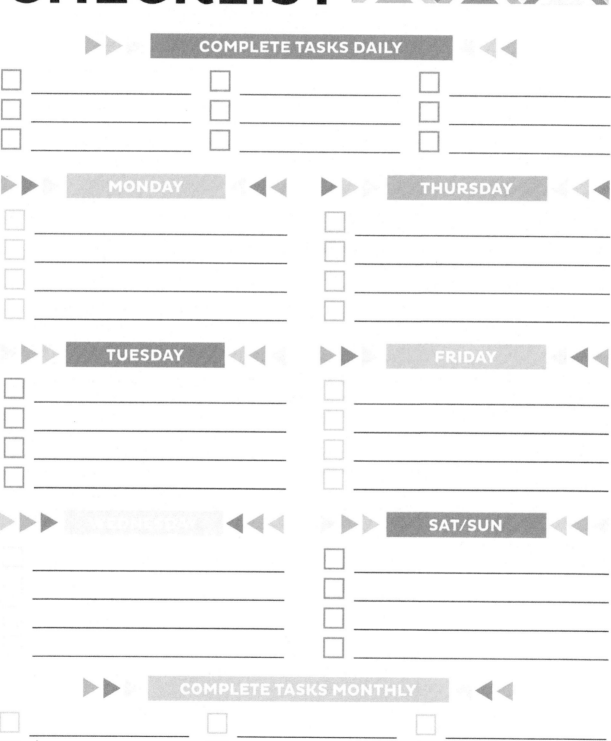

NOTES

MONTHLY CLEANING CHECKLIST

SUNDAY	MONDAY	TUESDAY	WEDNESDAY	THURSDAY	FRIDAY	SATURDAY

NOTES

WEEKLY CLEANING CHECKLIST

▶▶ COMPLETE TASKS DAILY ◀◀

- [ ] _____
- [ ] _____
- [ ] _____

- [ ] _____
- [ ] _____
- [ ] _____

- [ ] _____
- [ ] _____
- [ ] _____

▶▶ MONDAY ◀◀

- [ ] _____
- [ ] _____
- [ ] _____
- [ ] _____

▶▶ THURSDAY ◀◀

- [ ] _____
- [ ] _____
- [ ] _____
- [ ] _____

▶▶ TUESDAY ◀◀

- [ ] _____
- [ ] _____
- [ ] _____
- [ ] _____

▶▶ FRIDAY ◀◀

- [ ] _____
- [ ] _____
- [ ] _____
- [ ] _____

▶▶▶ WEDNESDAY ◀◀◀

- [ ] _____
- [ ] _____
- [ ] _____
- [ ] _____

▶▶ SAT/SUN ◀◀

- [ ] _____
- [ ] _____
- [ ] _____
- [ ] _____

▶▶ COMPLETE TASKS MONTHLY ◀◀

- [ ] _____
- [ ] _____
- [ ] _____

- [ ] _____
- [ ] _____
- [ ] _____

- [ ] _____
- [ ] _____
- [ ] _____

NOTES

WEEKLY CLEANING CHECKLIST

▶▶ COMPLETE TASKS DAILY ◀◀

- [ ] _____
- [ ] _____
- [ ] _____

- [ ] _____
- [ ] _____
- [ ] _____

- [ ] _____
- [ ] _____
- [ ] _____

▶▶ MONDAY ◀◀

- [ ] _____
- [ ] _____
- [ ] _____
- [ ] _____

▶▶ THURSDAY ◀◀

- [ ] _____
- [ ] _____
- [ ] _____
- [ ] _____

▶▶ TUESDAY ◀◀

- [ ] _____
- [ ] _____
- [ ] _____
- [ ] _____

▶▶ FRIDAY ◀◀

- [ ] _____
- [ ] _____
- [ ] _____
- [ ] _____

▶▶▶ WEDNESDAY ◀◀◀

- [ ] _____
- [ ] _____
- [ ] _____
- [ ] _____

▶▶ SAT/SUN ◀◀

- [ ] _____
- [ ] _____
- [ ] _____
- [ ] _____

▶▶ COMPLETE TASKS MONTHLY ◀◀

- [ ] _____
- [ ] _____
- [ ] _____

- [ ] _____
- [ ] _____
- [ ] _____

- [ ] _____
- [ ] _____
- [ ] _____

NOTES

WEEKLY CLEANING CHECKLIST

▶▶ COMPLETE TASKS DAILY ◀◀

- [ ] _____
- [ ] _____
- [ ] _____
- [ ] _____
- [ ] _____
- [ ] _____
- [ ] _____
- [ ] _____
- [ ] _____

▶▶ MONDAY ◀◀

- [ ] _____
- [ ] _____
- [ ] _____
- [ ] _____

▶▶ THURSDAY ◀◀

- [ ] _____
- [ ] _____
- [ ] _____
- [ ] _____

▶▶ TUESDAY ◀◀

- [ ] _____
- [ ] _____
- [ ] _____
- [ ] _____

▶▶ FRIDAY ◀◀

- [ ] _____
- [ ] _____
- [ ] _____
- [ ] _____

▶▶▶ WEDNESDAY ◀◀◀

- [ ] _____
- [ ] _____
- [ ] _____
- [ ] _____

▶▶ SAT/SUN ◀◀

- [ ] _____
- [ ] _____
- [ ] _____
- [ ] _____

▶▶ COMPLETE TASKS MONTHLY ◀◀

- [ ] _____
- [ ] _____
- [ ] _____
- [ ] _____
- [ ] _____
- [ ] _____
- [ ] _____
- [ ] _____
- [ ] _____

NOTES

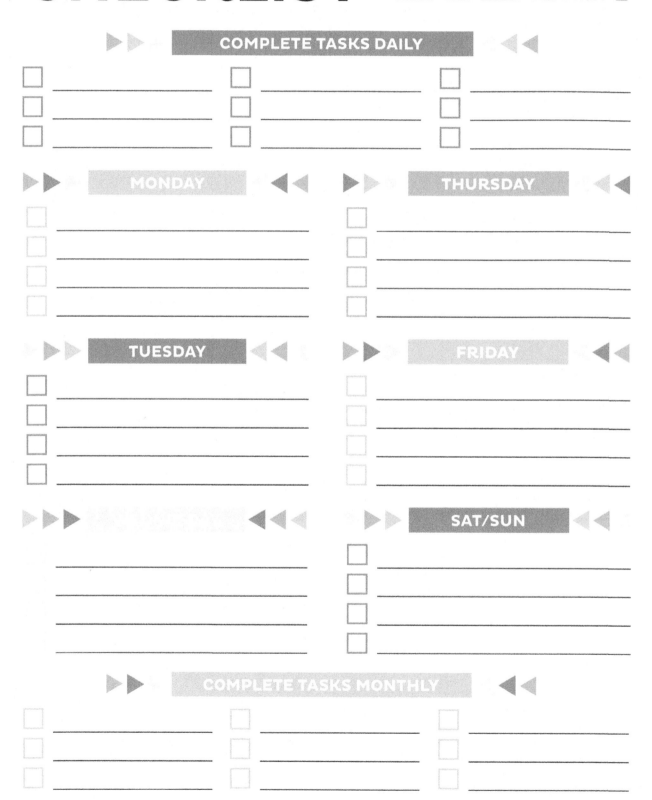

NOTES

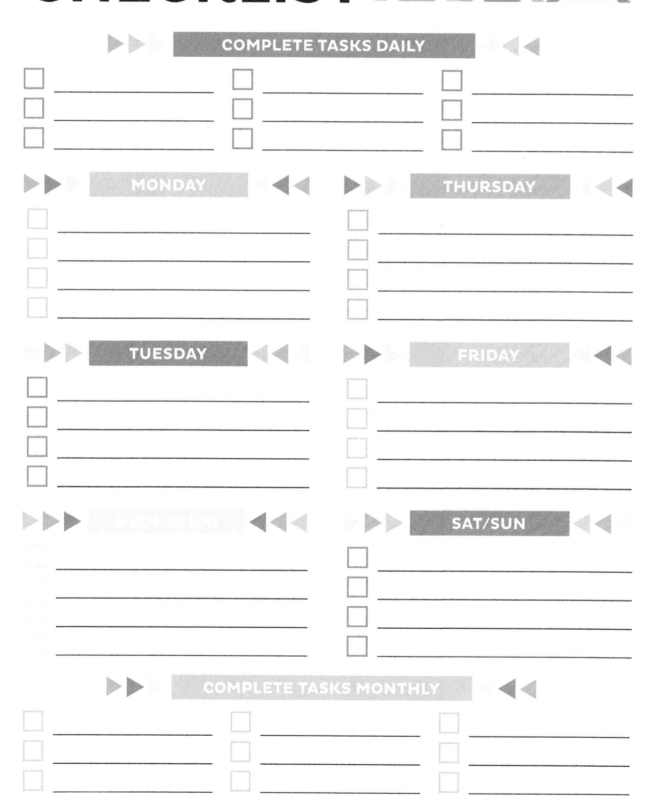

NOTES

MONTHLY CLEANING CHECKLIST

SUNDAY	MONDAY	WEDNESDAY	THURSDAY	FRIDAY

NOTES

WEEKLY CLEANING CHECKLIST

▶▶ COMPLETE TASKS DAILY ◀◀

☐ _____ ☐ _____ ☐ _____
☐ _____ ☐ _____ ☐ _____
☐ _____ ☐ _____ ☐ _____

▶▶ MONDAY ◀◀
☐ _____
☐ _____
☐ _____
☐ _____

▶▶ THURSDAY ◀◀
☐ _____
☐ _____
☐ _____
☐ _____

▶▶ TUESDAY ◀◀
☐ _____
☐ _____
☐ _____
☐ _____

▶▶ FRIDAY ◀◀
☐ _____
☐ _____
☐ _____
☐ _____

▶▶▶ ◀◀◀
☐ _____
☐ _____
☐ _____
☐ _____

▶▶ SAT/SUN ◀◀
☐ _____
☐ _____
☐ _____
☐ _____

▶▶ COMPLETE TASKS MONTHLY ◀◀

☐ _____ ☐ _____ ☐ _____
☐ _____ ☐ _____ ☐ _____
☐ _____ ☐ _____ ☐ _____

NOTES

NOTES

WEEKLY CLEANING CHECKLIST

COMPLETE TASKS DAILY

- [ ] _____
- [ ] _____
- [ ] _____

- [ ] _____
- [ ] _____
- [ ] _____

- [ ] _____
- [ ] _____
- [ ] _____

MONDAY

- [ ] _____
- [ ] _____
- [ ] _____
- [ ] _____

THURSDAY

- [ ] _____
- [ ] _____
- [ ] _____
- [ ] _____

TUESDAY

- [ ] _____
- [ ] _____
- [ ] _____
- [ ] _____

FRIDAY

- [ ] _____
- [ ] _____
- [ ] _____
- [ ] _____

WEDNESDAY

- [ ] _____
- [ ] _____
- [ ] _____
- [ ] _____

SAT/SUN

- [ ] _____
- [ ] _____
- [ ] _____
- [ ] _____

COMPLETE TASKS MONTHLY

- [ ] _____
- [ ] _____
- [ ] _____

- [ ] _____
- [ ] _____
- [ ] _____

- [ ] _____
- [ ] _____
- [ ] _____

NOTES

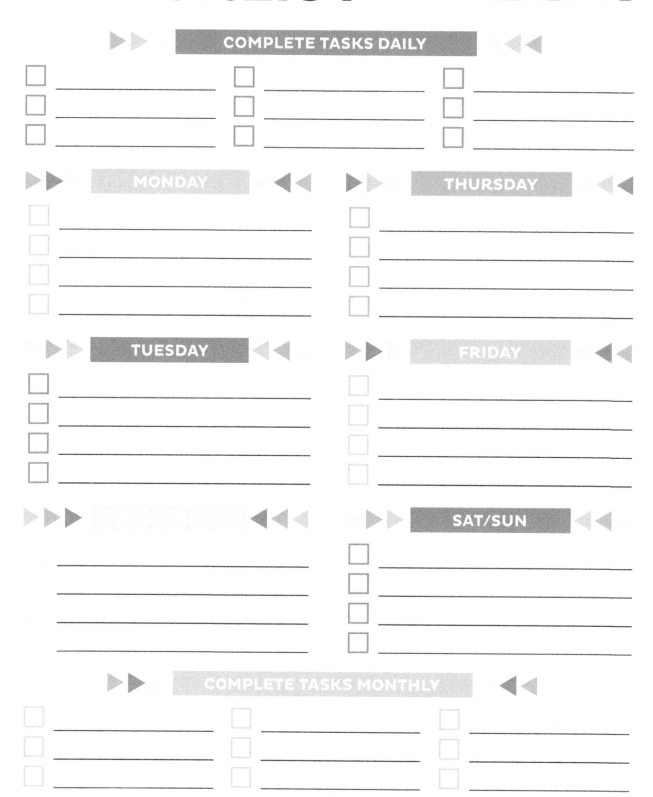

NOTES

WEEKLY CLEANING CHECKLIST

▶▶ **COMPLETE TASKS DAILY** ◀◀

☐ _____ ☐ _____ ☐ _____
☐ _____ ☐ _____ ☐ _____
☐ _____ ☐ _____ ☐ _____

▶▶ **MONDAY** ◀◀   ▶▶ **THURSDAY** ◀◀

☐ _____   ☐ _____
☐ _____   ☐ _____
☐ _____   ☐ _____
☐ _____   ☐ _____

▶▶ **TUESDAY** ◀◀   ▶▶ **FRIDAY** ◀◀

☐ _____   ☐ _____
☐ _____   ☐ _____
☐ _____   ☐ _____
☐ _____   ☐ _____

▶▶▶ **WEDNESDAY** ◀◀◀   ▶▶ **SAT/SUN** ◀◀

☐ _____   ☐ _____
☐ _____   ☐ _____
☐ _____   ☐ _____
☐ _____   ☐ _____

▶▶ **COMPLETE TASKS MONTHLY** ◀◀

☐ _____ ☐ _____ ☐ _____
☐ _____ ☐ _____ ☐ _____
☐ _____ ☐ _____ ☐ _____

NOTES

MONTHLY CLEANING CHECKLIST

SUNDAY	MONDAY	WEDNESDAY	THURSDAY	FRIDAY

NOTES

WEEKLY CLEANING CHECKLIST

COMPLETE TASKS DAILY

- [ ] _____
- [ ] _____
- [ ] _____

MONDAY

- [ ] _____
- [ ] _____
- [ ] _____
- [ ] _____

THURSDAY

- [ ] _____
- [ ] _____
- [ ] _____
- [ ] _____

TUESDAY

- [ ] _____
- [ ] _____
- [ ] _____
- [ ] _____

FRIDAY

- [ ] _____
- [ ] _____
- [ ] _____
- [ ] _____

WEDNESDAY

- [ ] _____
- [ ] _____
- [ ] _____
- [ ] _____

SAT/SUN

- [ ] _____
- [ ] _____
- [ ] _____
- [ ] _____

COMPLETE TASKS MONTHLY

- [ ] _____
- [ ] _____
- [ ] _____

NOTES

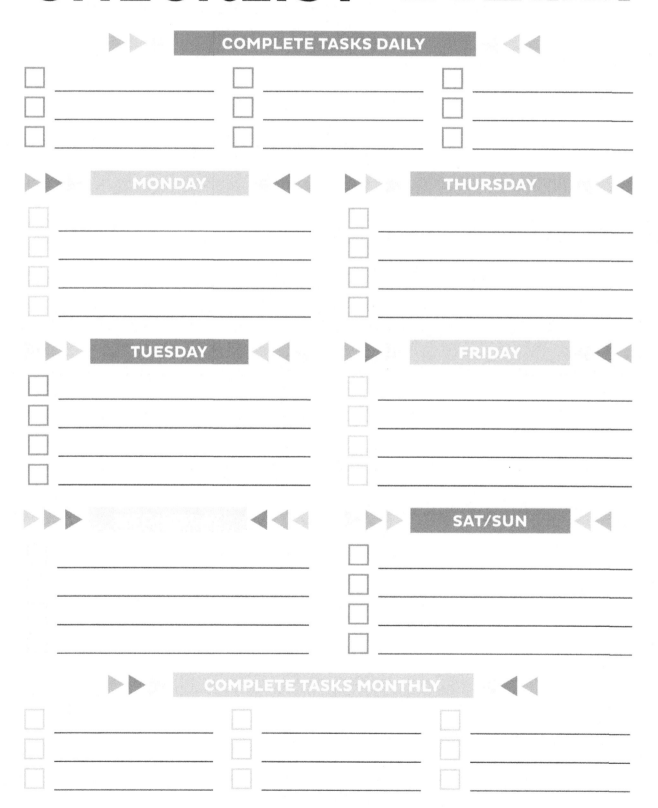

NOTES

WEEKLY CLEANING CHECKLIST

COMPLETE TASKS DAILY

MONDAY

TUESDAY

THURSDAY

FRIDAY

SAT/SUN

COMPLETE TASKS MONTHLY

NOTES

WEEKLY CLEANING
CHECKLIST

▶▶ COMPLETE TASKS DAILY ◀◀

- [ ] _____
- [ ] _____
- [ ] _____

- [ ] _____
- [ ] _____
- [ ] _____

- [ ] _____
- [ ] _____
- [ ] _____

▶▶ MONDAY ◀◀

- [ ] _____
- [ ] _____
- [ ] _____
- [ ] _____

▶▶ THURSDAY ◀◀

- [ ] _____
- [ ] _____
- [ ] _____
- [ ] _____

▶▶ TUESDAY ◀◀

- [ ] _____
- [ ] _____
- [ ] _____
- [ ] _____

▶▶ FRIDAY ◀◀

- [ ] _____
- [ ] _____
- [ ] _____
- [ ] _____

▶▶▶ ◀◀◀

- [ ] _____
- [ ] _____
- [ ] _____
- [ ] _____

▶▶ SAT/SUN ◀◀

- [ ] _____
- [ ] _____
- [ ] _____
- [ ] _____

▶▶ COMPLETE TASKS MONTHLY ◀◀

- [ ] _____
- [ ] _____
- [ ] _____

- [ ] _____
- [ ] _____
- [ ] _____

- [ ] _____
- [ ] _____
- [ ] _____

NOTES

WEEKLY CLEANING CHECKLIST

COMPLETE TASKS DAILY

MONDAY

THURSDAY

TUESDAY

FRIDAY

SAT/SUN

COMPLETE TASKS MONTHLY

NOTES

MONTHLY CLEANING CHECKLIST

SUNDAY	MONDAY	TUESDAY	WEDNESDAY	THURSDAY	FRIDAY	SATURDAY

NOTES

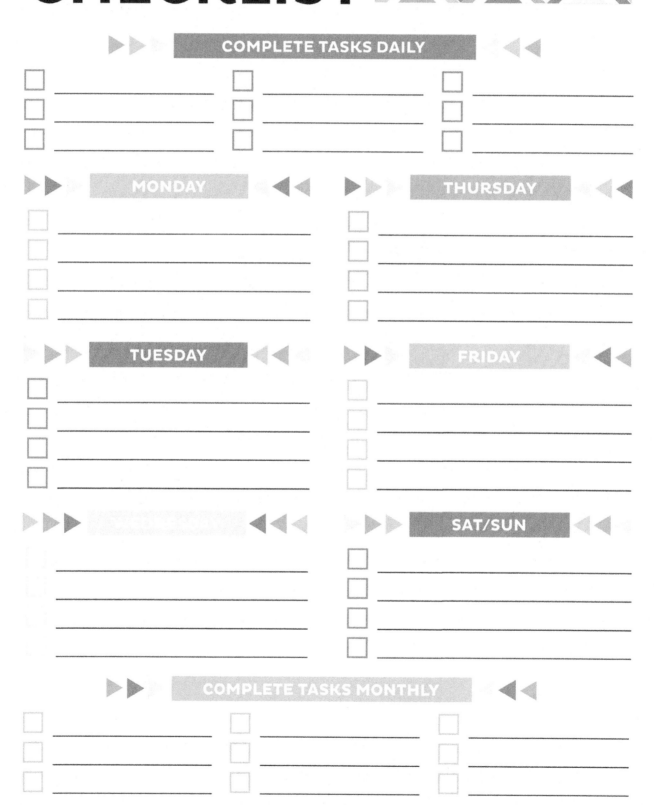

NOTES

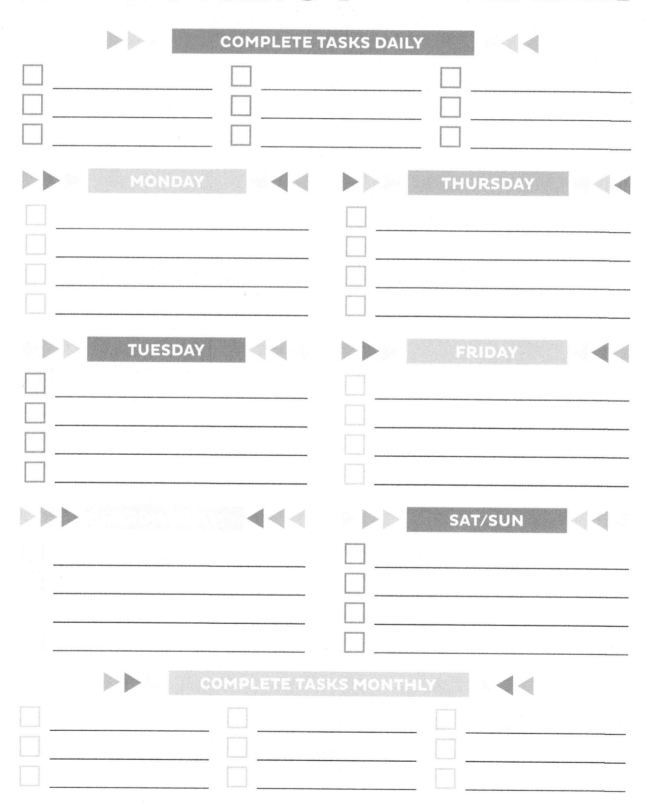

NOTES

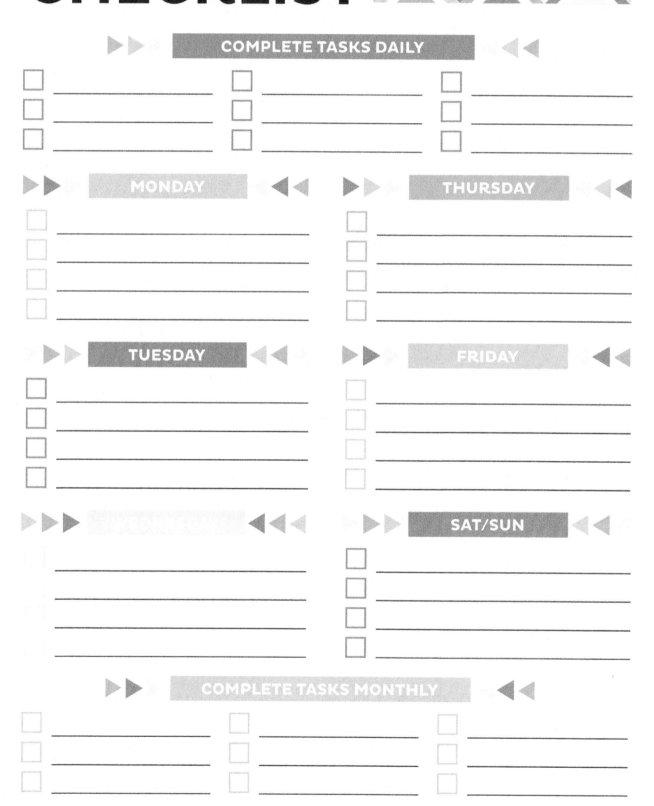

NOTES

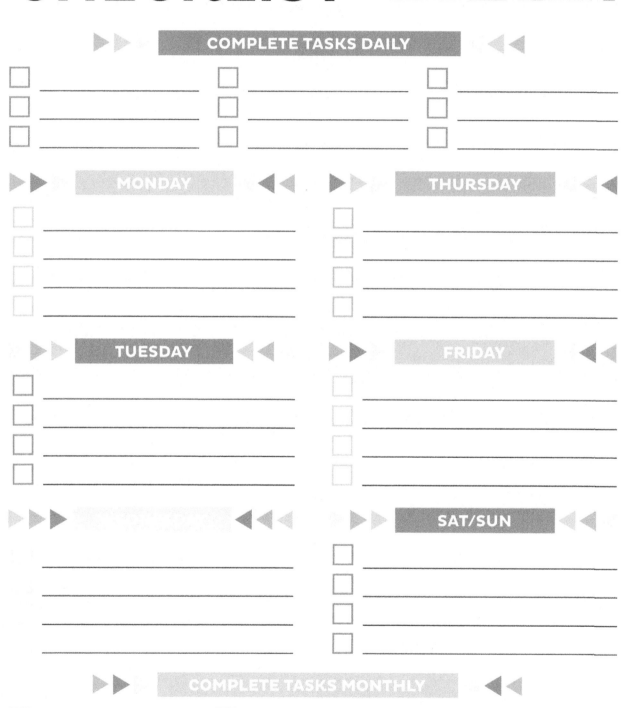

NOTES

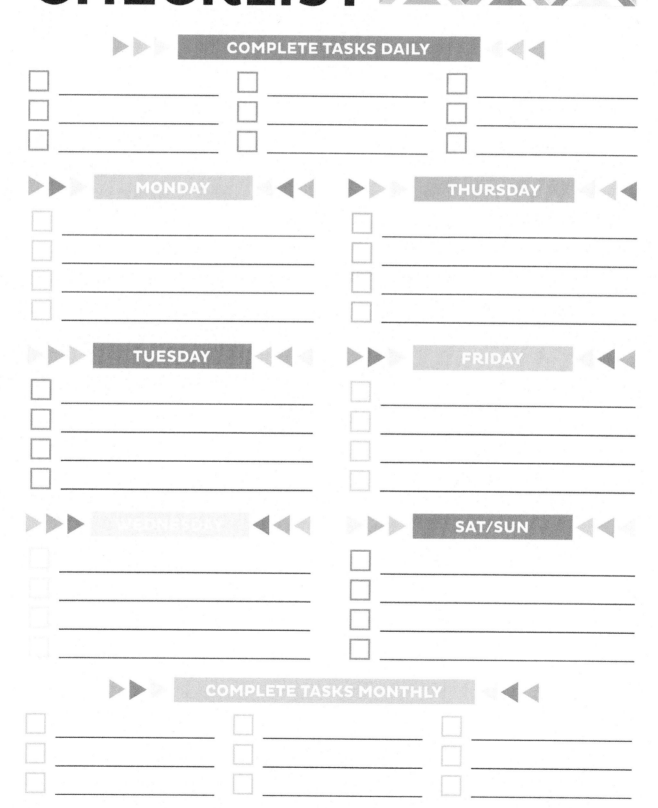

NOTES

MONTHLY CLEANING CHECKLIST

SUNDAY	MONDAY		WEDNESDAY	THURSDAY	FRIDAY	

NOTES

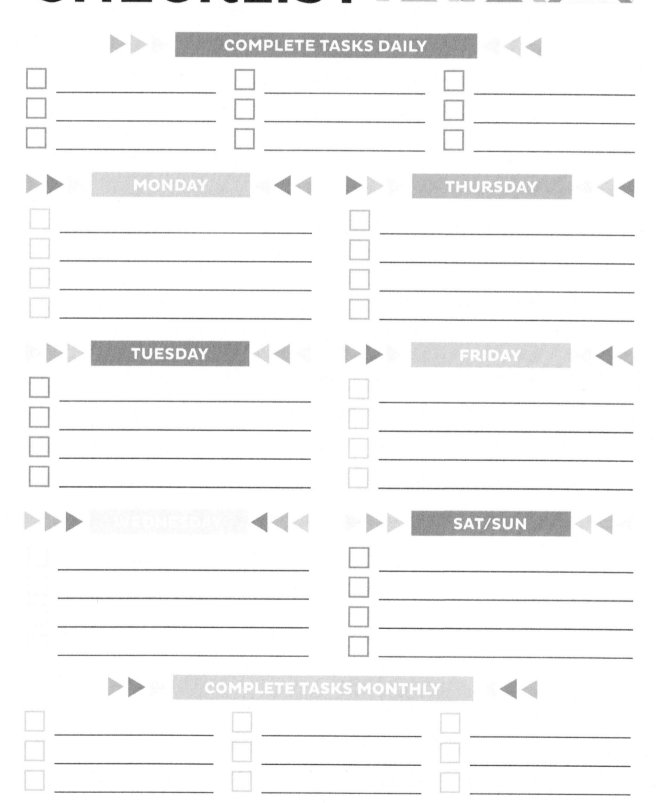

NOTES

WEEKLY CLEANING CHECKLIST

COMPLETE TASKS DAILY

- [ ] _____
- [ ] _____
- [ ] _____
- [ ] _____
- [ ] _____
- [ ] _____
- [ ] _____
- [ ] _____
- [ ] _____

MONDAY
- [ ] _____
- [ ] _____
- [ ] _____
- [ ] _____

THURSDAY
- [ ] _____
- [ ] _____
- [ ] _____
- [ ] _____

TUESDAY
- [ ] _____
- [ ] _____
- [ ] _____
- [ ] _____

FRIDAY
- [ ] _____
- [ ] _____
- [ ] _____
- [ ] _____

WEDNESDAY
- [ ] _____
- [ ] _____
- [ ] _____
- [ ] _____

SAT/SUN
- [ ] _____
- [ ] _____
- [ ] _____
- [ ] _____

COMPLETE TASKS MONTHLY
- [ ] _____
- [ ] _____
- [ ] _____
- [ ] _____
- [ ] _____
- [ ] _____
- [ ] _____
- [ ] _____
- [ ] _____

NOTES

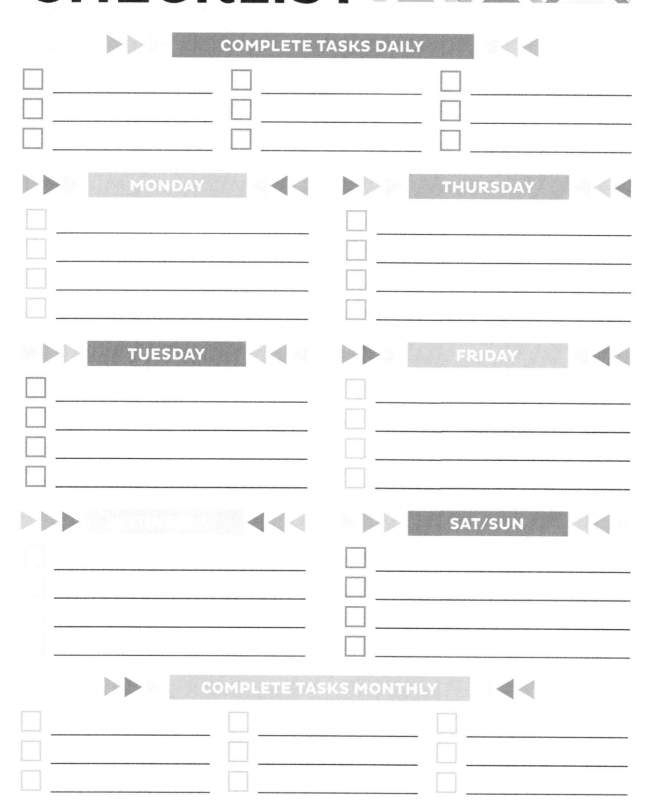

NOTES

WEEKLY CLEANING CHECKLIST

▶▶ COMPLETE TASKS DAILY ◀◀

- ☐ _____
- ☐ _____
- ☐ _____

☐ _____
☐ _____
☐ _____

☐ _____
☐ _____
☐ _____

▶▶ MONDAY ◀◀

- ☐ _____
- ☐ _____
- ☐ _____
- ☐ _____

▶▶ THURSDAY ◀◀

- ☐ _____
- ☐ _____
- ☐ _____
- ☐ _____

▶▶ TUESDAY ◀◀

- ☐ _____
- ☐ _____
- ☐ _____
- ☐ _____

▶▶ FRIDAY ◀◀

- ☐ _____
- ☐ _____
- ☐ _____
- ☐ _____

▶▶▶ ◀◀◀

- _____
- _____
- _____
- _____

▶▶ SAT/SUN ◀◀

- ☐ _____
- ☐ _____
- ☐ _____
- ☐ _____

▶▶ COMPLETE TASKS MONTHLY ◀◀

☐ _____
☐ _____
☐ _____

☐ _____
☐ _____
☐ _____

☐ _____
☐ _____
☐ _____

NOTES

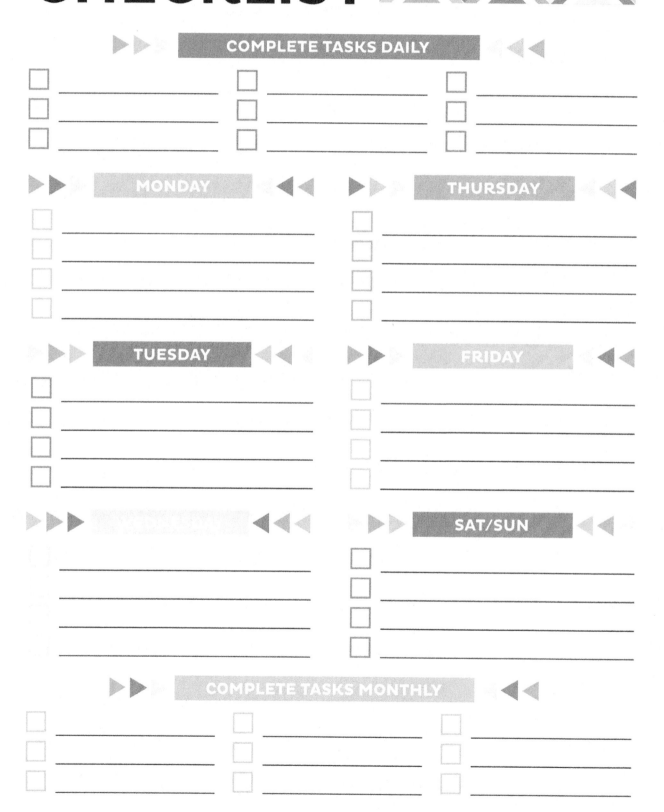

NOTES

MONTHLY CLEANING CHECKLIST

SUNDAY	MONDAY	TUESDAY	WEDNESDAY	THURSDAY	FRIDAY	SATURDAY

NOTES

WEEKLY CLEANING CHECKLIST

COMPLETE TASKS DAILY

- [ ] _____
- [ ] _____
- [ ] _____

- [ ] _____
- [ ] _____
- [ ] _____

- [ ] _____
- [ ] _____
- [ ] _____

MONDAY

- [ ] _____
- [ ] _____
- [ ] _____
- [ ] _____

THURSDAY

- [ ] _____
- [ ] _____
- [ ] _____
- [ ] _____

TUESDAY

- [ ] _____
- [ ] _____
- [ ] _____
- [ ] _____

FRIDAY

- [ ] _____
- [ ] _____
- [ ] _____
- [ ] _____

WEDNESDAY

- [ ] _____
- [ ] _____
- [ ] _____
- [ ] _____

SAT/SUN

- [ ] _____
- [ ] _____
- [ ] _____
- [ ] _____

COMPLETE TASKS MONTHLY

- [ ] _____
- [ ] _____
- [ ] _____

- [ ] _____
- [ ] _____
- [ ] _____

- [ ] _____
- [ ] _____
- [ ] _____

NOTES

WEEKLY CLEANING CHECKLIST

COMPLETE TASKS DAILY

MONDAY

THURSDAY

TUESDAY

FRIDAY

SAT/SUN

COMPLETE TASKS MONTHLY

NOTES

WEEKLY CLEANING CHECKLIST

▶▶ COMPLETE TASKS DAILY ◀◀

- [ ] _____
- [ ] _____
- [ ] _____

- [ ] _____
- [ ] _____
- [ ] _____

- [ ] _____
- [ ] _____
- [ ] _____

▶▶ MONDAY ◀◀

- [ ] _____
- [ ] _____
- [ ] _____
- [ ] _____

▶▶ THURSDAY ◀◀

- [ ] _____
- [ ] _____
- [ ] _____
- [ ] _____

▶▶ TUESDAY ◀◀

- [ ] _____
- [ ] _____
- [ ] _____
- [ ] _____

▶▶ FRIDAY ◀◀

- [ ] _____
- [ ] _____
- [ ] _____
- [ ] _____

▶▶ WEDNESDAY ◀◀

- [ ] _____
- [ ] _____
- [ ] _____
- [ ] _____

▶▶ SAT/SUN ◀◀

- [ ] _____
- [ ] _____
- [ ] _____
- [ ] _____

▶▶ COMPLETE TASKS MONTHLY ◀◀

- [ ] _____
- [ ] _____
- [ ] _____

- [ ] _____
- [ ] _____
- [ ] _____

- [ ] _____
- [ ] _____
- [ ] _____

NOTES

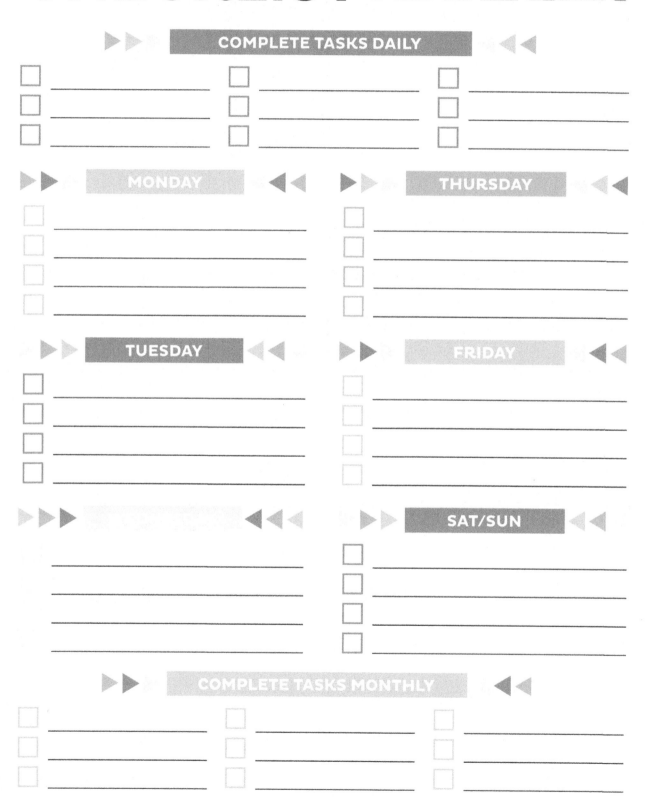

NOTES

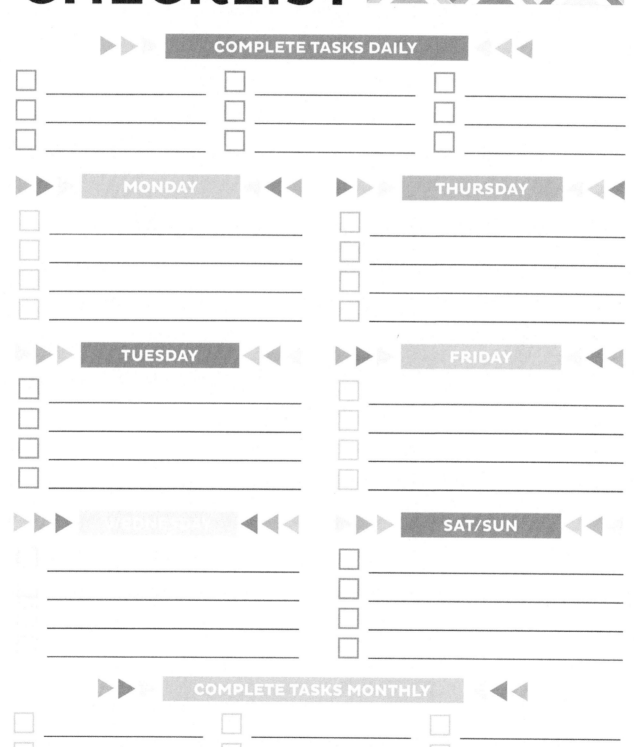

NOTES

MONTHLY CLEANING CHECKLIST

SUNDAY	MONDAY	TUESDAY	WEDNESDAY	THURSDAY	FRIDAY	SATURDAY

NOTES

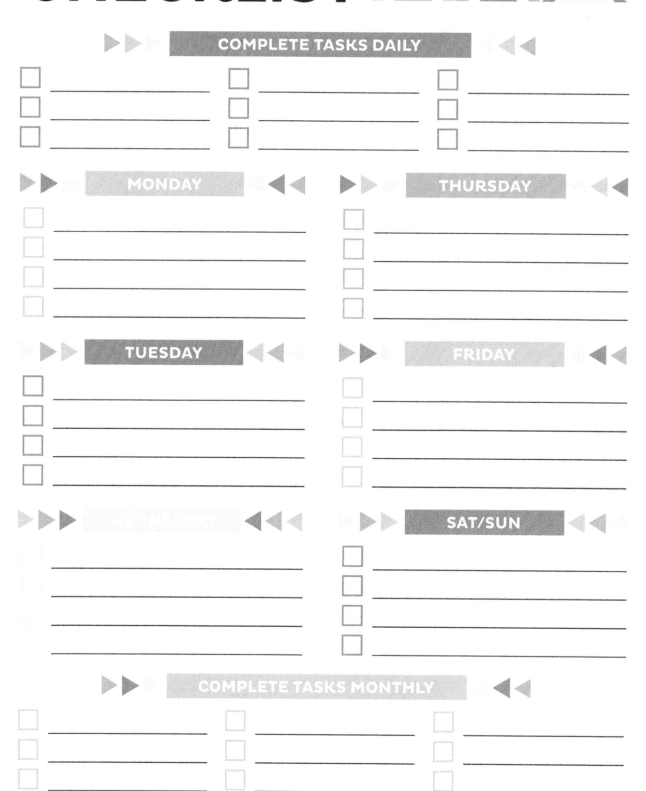

NOTES

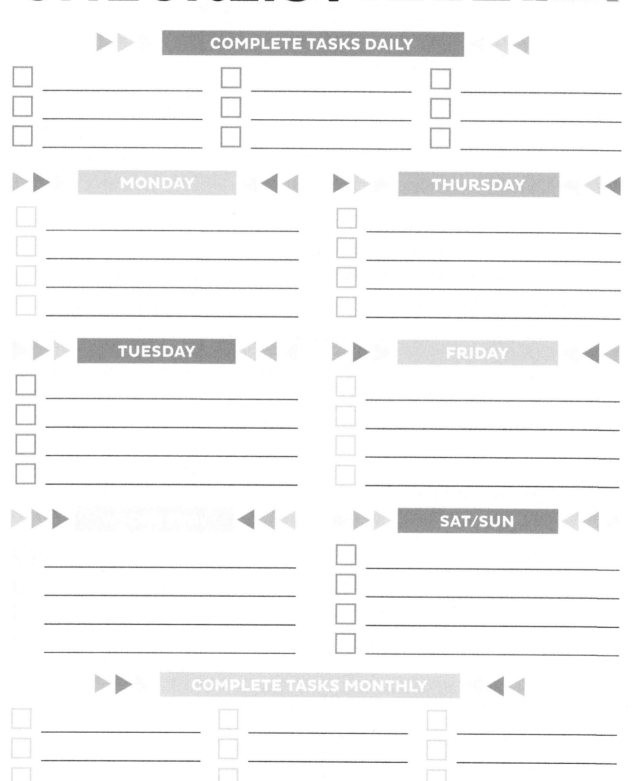

NOTES

WEEKLY CLEANING CHECKLIST

COMPLETE TASKS DAILY

- [ ] _____
- [ ] _____
- [ ] _____

- [ ] _____
- [ ] _____
- [ ] _____

- [ ] _____
- [ ] _____
- [ ] _____

MONDAY
- [ ] _____
- [ ] _____
- [ ] _____
- [ ] _____

THURSDAY
- [ ] _____
- [ ] _____
- [ ] _____
- [ ] _____

TUESDAY
- [ ] _____
- [ ] _____
- [ ] _____
- [ ] _____

FRIDAY
- [ ] _____
- [ ] _____
- [ ] _____
- [ ] _____

WEDNESDAY
- [ ] _____
- [ ] _____
- [ ] _____
- [ ] _____

SAT/SUN
- [ ] _____
- [ ] _____
- [ ] _____
- [ ] _____

COMPLETE TASKS MONTHLY

- [ ] _____
- [ ] _____
- [ ] _____

- [ ] _____
- [ ] _____
- [ ] _____

- [ ] _____
- [ ] _____
- [ ] _____

NOTES

WEEKLY CLEANING
CHECKLIST

▶▶ **COMPLETE TASKS DAILY** ◀◀

- ☐ _____
- ☐ _____
- ☐ _____

- ☐ _____
- ☐ _____
- ☐ _____

- ☐ _____
- ☐ _____
- ☐ _____

▶▶ **MONDAY** ◀◀

- ☐ _____
- ☐ _____
- ☐ _____
- ☐ _____

▶▶ **THURSDAY** ◀◀

- ☐ _____
- ☐ _____
- ☐ _____
- ☐ _____

▶▶ **TUESDAY** ◀◀

- ☐ _____
- ☐ _____
- ☐ _____
- ☐ _____

▶▶ **FRIDAY** ◀◀

- ☐ _____
- ☐ _____
- ☐ _____
- ☐ _____

▶▶ **WEDNESDAY** ◀◀

- ☐ _____
- ☐ _____
- ☐ _____
- ☐ _____

▶▶ **SAT/SUN** ◀◀

- ☐ _____
- ☐ _____
- ☐ _____
- ☐ _____

▶▶ **COMPLETE TASKS MONTHLY** ◀◀

- ☐ _____
- ☐ _____
- ☐ _____

- ☐ _____
- ☐ _____
- ☐ _____

- ☐ _____
- ☐ _____
- ☐ _____

NOTES

WEEKLY CLEANING CHECKLIST

COMPLETE TASKS DAILY

- [ ] _____
- [ ] _____
- [ ] _____

- [ ] _____
- [ ] _____
- [ ] _____

- [ ] _____
- [ ] _____
- [ ] _____

MONDAY

- [ ] _____
- [ ] _____
- [ ] _____
- [ ] _____

THURSDAY

- [ ] _____
- [ ] _____
- [ ] _____
- [ ] _____

TUESDAY

- [ ] _____
- [ ] _____
- [ ] _____
- [ ] _____

FRIDAY

- [ ] _____
- [ ] _____
- [ ] _____
- [ ] _____

WEDNESDAY

- [ ] _____
- [ ] _____
- [ ] _____
- [ ] _____

SAT/SUN

- [ ] _____
- [ ] _____
- [ ] _____
- [ ] _____

COMPLETE TASKS MONTHLY

- [ ] _____
- [ ] _____
- [ ] _____

- [ ] _____
- [ ] _____
- [ ] _____

- [ ] _____
- [ ] _____
- [ ] _____

NOTES

NOTES

NOTES

NOTES

NOTES

NOTES

NOTES

NOTES

NOTES

many thanks

Made in the USA
Coppell, TX
08 March 2022

74663228R00070